이승일 사진 시집

직진 버스 타는 구름

직진 버스 타는 구름

이승일 사진 시집

한그루

이승일 사진 시집

직진 버스 타는 구름　　　차례

서문　　　7

봄

이승인

서문

중산간 마을

하늘나라 마을이 중산간에 내려왔다

대문도 하늘 색깔 지붕도 하늘 색깔

하늘색 잠바를 입은 할머니가 환하다

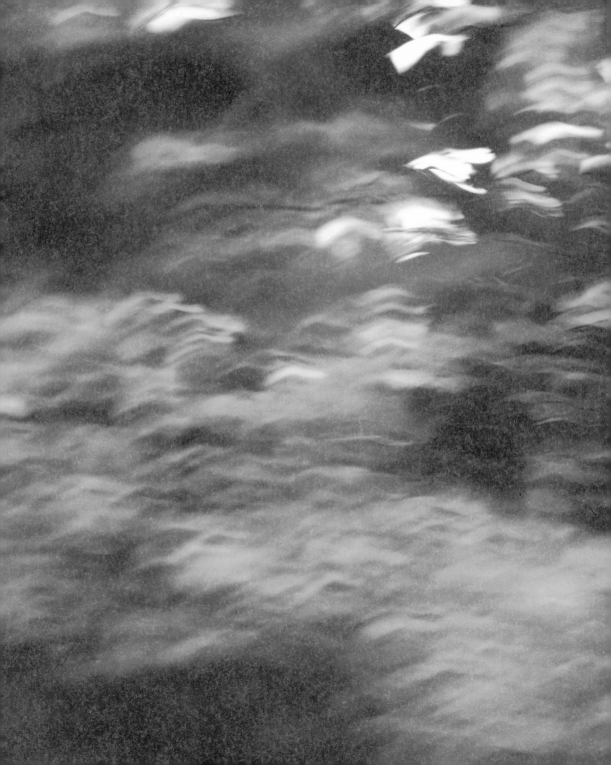

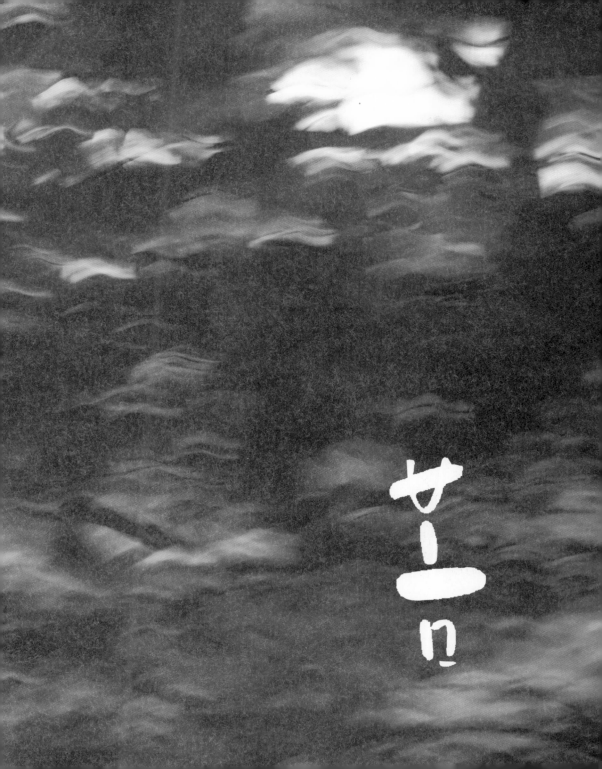

한경 산양, 2017.03.26.

산양리
마을

유채꽃 냉이꽃
동백꽃도 사람들 같아

문패에 이름들이
깃발처럼 펄럭이고

정거장 할아버지는
나무처럼 계셨다

애월 고성, 2017.04.09.

나무
백일홍

애월읍 항몽유적지에
꽃나무 세 그루

할머니 다리처럼
미끌미끌 윤이 나는

명찰에 배롱이 이름을 달고
배롱배롱
거린다

청수리
마을에서

성당 근처 텃밭에
동지 나물 탑을 쌓은

비 갠 배춧잎에
은구슬이 대롱대롱

엄마랑 나란히 앉아
주일예배 드린다

대흘리
마을
- 그림자

팽나무 한 그루가 담벼락에 숨어서
초록도 꽃도 없는 검은색 몸을 하고
나처럼 손을 흔들며 그림자가 웃는다

하얀 담벼락엔 검은 붓만 있나 봐
빨간 지붕 유채꽃 동백꽃 전봇대도
담벼락 화선지에다 한 빛깔로 만난다

조천 대흘, 2017.04.23.

언덕 서광둥터, 2017.04.29.

멋 대 로
맘 대 로
- 곶 자 왈

안덕면 서광동리 곶자왈에 다녀왔다
조그만 길을 따라 숲속으로 들어가면
그 속엔 멋대로 맘대로 나무들이 산단다

씨름하고 목말 타고 나무들 놀이터다
돌멩이 쌓은 탑은 나무 키 닮아간다
새들이 친구 왔다며 환영잔치 열린다

말 없는 숲속에는 몸짓들이 시끄럽다
바위에 이끼들이 기립해서 노래하고
엄마랑 연둣빛 세상을 새들처럼 걸었다

안덕 서광동리, 2017.04.29.

조천 선흘, 2018.04.22.

선흘리
대문간엔

선흘 마을 대문간에
경운기 쉬고 있다

비 오면 우산이고
밤이면 지붕 아래서

트르렁

아침에 깨어 밭일 나갈 걱정에

테
쉬 폰

정물오름 앞에 있는 건축물 이름이다

영어로 지은 이름 먼 나라 건너와서

덩그렁 창문을 열고 사람 구경 중이다

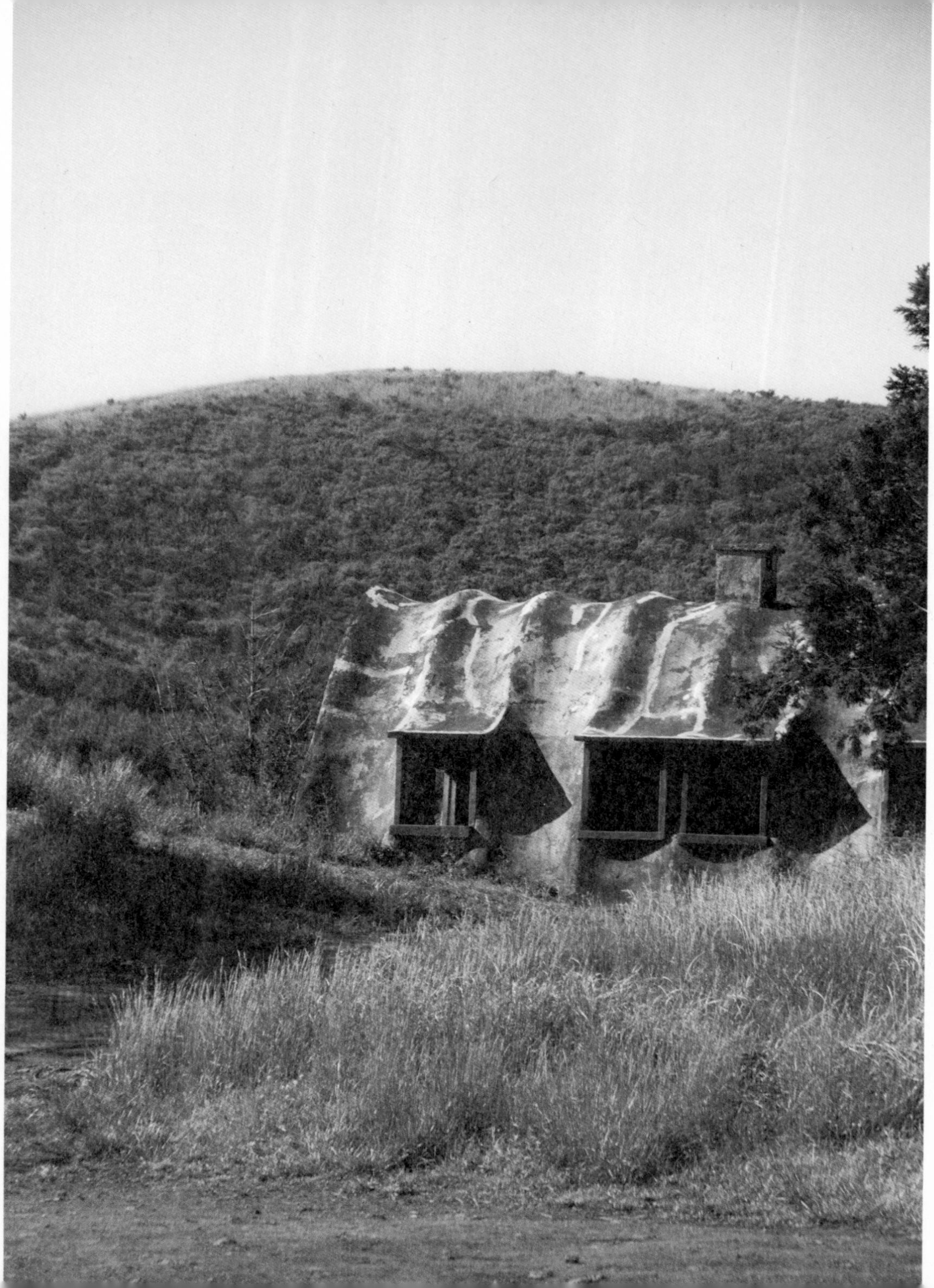

한림 금악, 2017.05.14.

한림 금악, 2017.05.14.

금악리
마을 연못

마을 한가운데 연못이 하나 있다
지붕 너머 연꽃 사이 들어온 금악오름

물종이
반쪽 접듯이
마주 보고 산단다

보리
밭

보리 물결 살랑대는 한라산 소주 같은
어음 1리 보리밭 위 드론을 띄워놓고
외로운 팽나무 옆에서 사진 한 장 찍었다

엄마랑 엄마 친구랑 보리밭을 빙빙 돈다
멀리서 뻐꾹뻐꾹 뻐국새가 노래하고
바람이 지난 자리에 보릿 결이 까르르

애월 어음, 2018.05.27.

보리
바다

금악오름 자락에
일렁이는 보리 물결

동쪽에서 서쪽으로
달려가는 초록 바람

성산포 할머니 바다가
거기까지
와
있다

한림 금악, 2017.05.14.

한림 금악, 2017.05.14.

패러
글라이딩

초승달 풍선이
금악오름 타고 논다

빨강 노랑 파랑 무늬
무지갯빛 탐이 나서

바람이 살짝 흔들면
"야호 야호" 부른다

한경 저지, 2017.05.06.

보리밭
눈싸움

저지리 보리밭

꼭꼭 숨은 창고 한 채

두 눈만 빼꼼하며

보리밭에 숨어서

보리밭 사이에 두고

눈싸움을

하였다

한경 낙천, 2017.05.06.

아홉 굿
마을

마을 돌아가는 길
웅덩이 아홉 개다

이리저리 거미줄처럼
퍼져있는 물웅덩이

거꾸로 하늘을 찍었다
구름
따라 나온다

할머니의
복지회관

구좌읍 당근 밭은
할머니의 복지회관

경운기 옆에 놓고
재잘대는 풀잎처럼

할머니 비닐 방석에
봄 햇살이 내리네

봉개동
서회천마을 벽화

마을회관 벽 그림에
아이 여섯 놀고 있네

바지 무릎 올려놓고
개울가에 나온 아이들

내일은 경칩 날이다
개구리도 나왔다

봉개 서회천, 2018.03.03.

한경 저지, 2018.02.25.

저지리
마을

팽나무 가지 사이 집들이 보입니다
할머니 집 옆으로 한라산이 옵니다
노을이 따라 내려와 경운기를 탑니다

산양리
동백꽃

산양리 마을엔

동백꽃이 참 많네요

빨간 립스틱에

할 말이 참 많나 봐요

동백꽃 나를 향해서

마을 자랑하네요

한경 산양, 2018.03.04.

번영로(봉개), 2018.07.01.

도라지
꽃

봉개동 가는 길에
별난 세상 펼쳐졌다

파란 얼굴 하얀
얼굴 별 가면 쓰고서

가까이 저들을 보면
저도 나를 본단다

시흥리
마을

성산읍 첫 마을 지붕들이 말을 건다
파란 지붕 너머 너머 일출봉 보이고
나이 든 팽나무 아래 할아버지 계시다

직진 버스
타는 구름

앞으로

앞으로

직진 버스 타는 구름

지붕도 사람도

구름 버스 따라간다

어음리 지나는 길에

소낙비가

내

렸

다

애월 어음, 2017.07.02.

사려니 숲, 2017.06.03.

사려니 숲
나무

나무도 사람을 만나 기분이 좋은가 봐
술래잡기하면서 나무 찾아가는 놀이
뿌리가 땅 위로 나와 발가락을 펼치네

원숭이 털 같기도 할머니 피부 같기도 한
두 팔에 안기는 나무 쓰담쓰담해주면
나무도 내 귀에 와서 소곤소곤거리네

하가리
연화지에서

연화지에 연꽃들이
달처럼 피었구나

귤껍질 벗기듯이
차곡차곡 껴입고

별 하나
복 하나 세며

잎 하나를 건넨다

애월 하가, 2017.09.10.

서귀포 색달동, 2016.10.02.

크레파스
같은 마을
- 색달동

문패, 호박, 의자

길가에 툭툭 나와 있다

파란 지붕 네모난 집

빨갛게 마르는 고추

휘어진 돌담 올레에

크레파스

한 다스

신풍리
마을

창고의 벽마다
그림들이 있었다

아이들 대신해서
그림 속에 노는 아이

할머니 지나가다가
웃음 짓고 계셨다

빗
자루

난산리 집집마다
빗자루가 세워져 있다

감도 쓸고 꽃도 쓸고
콩깍지도 쓸고 쓸고

이 마을 빗자루들은
별도 쓸어

담는다

성산 난산, 2016.10.17.

성산 난산, 2016.10.17.

감나무
집

주령주령 열린 감이
창고 위에 집을 짓고

떨어진 감을 받는
길바닥 비닐 조각

하늘도 노랗게 익어
땅에
내려왔구나

연탄불
켜놓은 듯

빨간 지붕 담벼락에 비 맞는 항아리 다섯
연탄불 켜놓은 듯 뚜껑들이 빨갛구나
할머니 항아리 옆에 허리 굽혀 보신다

남원 의귀, 2016.10.22.

담쟁이
고무 신발로

서귀포 가는 길에
오일육 가는 길

한라산 품에 안은
선덕사 있습니다

담쟁이
고무 신발로

돌담 벽을
넘어요

노란
가을

귤창고 앞에서
홀로 핀 국화 송이

시린 가을 하늘 아래
노랗게 웃고 있네

감귤도 그 빛깔처럼 함께 웃고 있었네

언덕 텃수, 2016.11.07.

성산 삼달, 2016.10.19.

김영갑
갤러리

성산읍 삼달리 '김영갑 갤러리' 마당에

휘어진 다리 하고
나무들이 떨고 있을 때

사이로

노을 한 켤레
양말 신고 있었다

바람 부는 날
성읍민속마을

초가집 옹기종기
허벅질을 합니다

돌담 옆 신호등
깜빡깜빡합니다

당근밭 대나무 숲에
빗질빗질합니다

표선 성읍, 2018.10.06.

표선 가시리, 2018.09.30.

따라비
오름

표선면 가시리
따라비 가는 길에

억새도 따라가고
구름도 따라가고

나 딛는 발자국 따라
엄마
따라옵니다

서귀포 호근동, 2016.12.11.

서귀포 호근동, 2016.12.11.

호근리
걷던 길

지붕 너머 감나무엔
노란 감이 대롱대롱

옥상 앞 빨랫줄엔
빨래들이 펄럭펄럭

먼나무 립스틱 바르던
참새 입도

빨

간

날

빨랫줄엔
집게만
- 호근리

할머니가 사실까? 할아버지 사실까?
감나무 대문 너머 빨랫줄엔 집게들만
고양이 담 위에 앉아 눈만 껌뻑거린다

서귀포 호근동, 2016.12.11.

대정, 2016.12.18.

학교 앞
돌하르방

대정읍 보성리에 돌하르방 보러 간 날

학교 앞 정문에 앉아 졸고 있는 돌하르방

일요일 아이들 없이 혼자 심심한가 봐

담
쟁이

올레길 돌담 타고
올라가는 빨간 신발

한 발
한 발
아빠처럼 암벽 타고 올라가서

야호오! 메아리치며
나를 내려 보신다

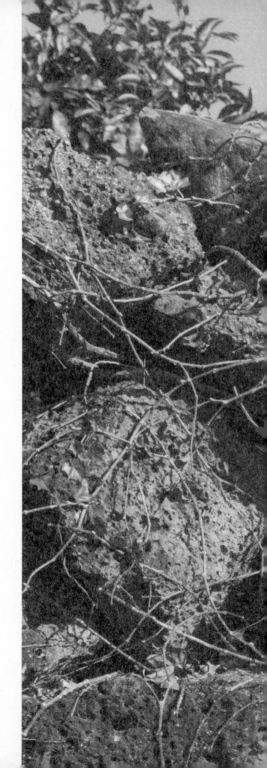

대정 보성, 2016.12.11.

승일이,
내 아들은 엄마의 스승입니다

　아들이 책을 낼 때마다 엄마는 껍질을 벗습니다. 2008년, 중학교 3학년 때 첫 시집 《엄마 울지 마세요, 사랑하잖아요》를 내면서 아들의 성정을 느꼈습니다. 특수교육 시설이 부족한 제주지역에서 아픈 아들을 데리고 엄마가 할 수 있는 일은 책을 읽어주는 일뿐이었습니다. 5년쯤 읽어줬더니 말을 어느 정도 알아듣기 시작했습니다. 10년을 읽어줬더니 생각을 표현하기 시작했습니다. 책 스승으로 레이첼 카슨의 《자연, 그 경이로움에 대하여》를 삼았습니다. 아들을 데리고 주말마다 자연으로 나갔습니다. 들판에 놓인 억새를 봅니다.

　"저건 억새라는 거야, 네 눈엔 뭐로 보이니?"

　"빗자루요."

　"빗자루…?"

　"저 많은 빗자루가 왜 들판에 서 있을까?"

　엄마는 이어서 묻습니다.

　"여름을 쓸려고요."

참으로 아름다운 표현이었습니다. 지금까지 살아오면서 억새가 여름을 쓸려고 들판에 서 있다는 걸 아들을 통해 알았습니다.

한 번은 버스를 타고 가다 하늘을 보았습니다. 하늘에 구름이 둥실, 우리랑 함께 가고 있었습니다.

"하늘에 둥둥 떠 있는 저건 구름이라는 거야."

"아~ 구름."

"네 눈엔 뭐로 보이니?"

"우유요."

……

"어, 우유가 사라졌네, 누가 마셨을까?"

"하늘이 마셔버렸어요."

첫 책은 엄마와 아들이 대화로 나눈 관찰일기를 시집으로 엮었습니다. 시집을 내고 난 후 아들은 좋아졌습니다. "전, 시인이에요." 사람들에게 다가가기 시작했습니다. 아들을 바라보는 사람들의 시선도 달라졌습니다. 그동안 아들이 하는 어눌한 말이 장애인이 하는 말이었다면 시인이 되어서는 시인의 말이 됐습니다. 승일이는 자존감을 가졌고 신이 나 했습니다. 치료되고 있다는 사실을 깨달았습니다.

승일이 내 아들은 오른쪽 눈이 안 보입니다. 7년 전, 양쪽 눈 망막박리 수술을 받았습니다. 오른쪽 눈은 이미 손상된 후였습니다. 인지가 부족한 아들은 두 눈이 안 보일 때까지 말을 하지 못했습니다. "엄마, 거실에 걸려있는 가족사진이 안 보여요." 앞이 깜깜해서야 내뱉은 첫 마디였습니다. 몇 달을 암흑 속에서 보낸 적도 있습니다. 아들이 가족 얼

103

굴을 볼 수 있다면 못할 게 없었습니다.

은퇴 후 일은 아들을 데리고 자연으로 나가는 것이었습니다. 먼 곳을 보다 보면 시력이 좋아진다는 말을 들어서였습니다. 밖으로 나가기 위해서는 수단이 필요했습니다. 2013년, 엄마는 여행작가 과정을 받게 되었습니다. 주말마다 아들을 데리고 나갈 기회가 생겼습니다. 제주여행학교에서 '제주 중산간 마을 단행본' 프로젝트를 시작하게 된 것입니다.

처음에는 카메라 줄 생각을 전혀 못 했습니다. 마을을 다니기 시작한 지 3년쯤 됐을까, 승일이에게도 틈새가 필요하다는 걸 알게 됐습니다. 친구도 없고 오직 엄마만 곁에 있어야 하는 아들이 얼마나 힘들까. 온전히 자기만의 호흡을 할 수 있는 수단이 필요했습니다. 엄마가 쓰던 캐논 600D를 주면서 찍고 싶은 걸 찍어보라 했습니다. 아무 간섭 없이 말입니다.

승일이가 찍은 사진들을 한 컷 한 컷 보았습니다. 수직, 수평은 물론 초점도 맞지 않은 것은 당연하였습니다. 그러나 한 컷도 버릴 수 없었습니다. 폴더에 차곡차곡 넣었습니다. 사진 중에는 찢어지고 비뚤어지고 홀로 떨어져 있는 피사체들이 담겨 있었습니다. 그 모습이 아들의 마음이라 생각하니 얼마나 마음이 아팠는지 모릅니다.

체온을 잃은 것들이 가장 낮은 데로 와서 승일이랑 만난 것입니다. 이제는 쓸모없이 버려둔 것들과도 친구가 되는 것입니다. 이 사진들은 별도로 안아줄 것입니다.

이번 사진 시집은 그래도 괜찮은 녀석들을 골라 사랑 세상에 내놓습니다. 길 위에서 만난 하늘, 나무, 집, 올레, 할머니, 꽃들의 소식을 운율

의 박자에 맞췄습니다. 승일이 걸음처럼요. 누구에겐 이 모든 것이 예술이겠지만 승일이에게는 치료의 수단일 뿐입니다. 이 책의 제목처럼 승일이 내 아들은 직진 버스를 탄 구름이기도 합니다. 세상과 소통하기 위해 우주를 둥둥 떠다닐 것입니다. 천천히 그리고 꾸준하게……

　이 책이 나오기까지 많은 분들의 도움이 있었습니다. 책 읽기와 글쓰기를 가르쳐주시는 고정국 시인님, 마을을 다닐 때 승일이 운동화 끈이 풀어주면 매어주고 점심 때 막걸리 한 잔 따라주시는 '여행치유' 멤버 이겸 사진작가님을 비롯해 김일영, 홍인기, 양은숙, 성길홍, 서은석, 양희정, 박신영 선생님께 승일이를 대신해서 고마운 말씀 전합니다. 승일이 사진 시집 출판을 흔쾌히 허락해주신 '한그루' 김영훈 대표님, 김지희 편집장님 감사드립니다. 특히 가장 가까운 거리에서 승일이 노력하는 모습을 기쁘게 바라봐 주는 아빠, 누나, 형 그리고 매형, 형수, 조카들에게도 고맙다고 전해달랍니다. 사랑합니다.

2018년 12월.

승일이 엄마 고혜영(시인)

글·사진 **이승일**

Lee seung-il 1990~

제주시에서 태어났다. 태어나면서 머리를 다친 후유증으로 지적장애가 있다. 세상과 소통하기 위해 책을 읽고 글을 쓰면서 일상을 지낸다. 사진 찍는 엄마를 따라 6년여간 제주중산간 마을을 다녔다. 사진을 배운 적도, 카메라를 만져본 적도 없다. 다만 3년쯤 됐을까, 엄마가 쓰던 카메라를 건네받고는 그 길 위에서 카메라와 노는 게 전부다. 10년 만에 두 번째 책을 낸다. 2008년 12월, 중학교 3학년 때 시집《엄마 울지 마세요, 사랑하잖아요》를 냈다. 지적장애로는 유일하게《장애예술인총람, 2010년》과《한국 장애인문학도서 총람, 2012년》시 부문에 올라 있다. 2013년에는 장애인들이 쓴 시에 곡을 붙여 노래하는 형식의 창작음악제인 제3회 대한민국 장애인음악제에〈백일홍 라면〉으로 입상하기도 했다. 경기도 문화의 전당에서 이승일 작시, 윤희성 작곡, 인디밴드 다애& 엘루체의 연주가 있었다. 시인 이승일에게 장애인이란 노력하는 사람이다. 책 읽기와 자연으로 나가는 일이 일상이다. 일상이 치료이다.

이승일 사진 시집

직진 버스 타는 구름

2018년 12월 22일 초판 1쇄 펴냄

지은이	이승일
펴낸이	김영훈
편집인	김지희
디자인	나무늘보
펴낸곳	도서출판 한그루
	출판등록 제651-2008-000003호
	63256 제주도 제주시 천수동로2길 23
	전화 064 723 7580 전송 064 753 7580
	전자우편 onetreebook@daum.net 누리방 onetreebook.com

ISBN 978-89-94474-73-1 03810

값 15,000원